稼げる不動産を買うべき

不動産管理から賃貸戸建ての再生へ

学歴コンプレックスから脱却した吉田正人が語る！

はじめに

正直、情報の不透明さを感じることの多い不動産業界。そんな中、大家さんの手取りが多くなるような提案を心掛け、目の前の顧客に真摯に向き合う仕事のスタイルを貫いている経営者がいます。吉田正人氏（東京都昭島市、株式会社センセール 社長）です。吉田氏は、学歴コンプレックス、せめて収入だけでは大卒に負けたくない！と頑張っていた時期もありました。現在は、お客様には、きちんと説明してもらうべきお金以外はもらわない方針、空家戸建再生と賃貸管理をメインにしています。

入居者の方も大家さんも両方喜んでもらえるような、尚且つ、社員にも働いている人たちにも喜んでもらえるような会社経営を目指しています。

もう一人のメインゲストの工藤直彦氏は、論語、哲学、心理学などを学んでおり（著書『ビジネス訳論語（安岡活学塾編）』ＰＨＰ）、音楽事務所アーティスティックコミュニティの代表（本人は、ミュージシャンでもある）です。ちなみに、「万代宝書房」の名付け親は、工藤直彦氏です。

私はお二人との自然会話形式の鼎談をし、その内容は、まさに「知恵は万代の宝」と感じたのです（収録：二〇二一年五月十八日）。

この度、「万代宝書房 万人の知恵チャンネル」で放映したお二人のライブトークの内容をテープ起こしをして書籍化し、「人類の宝」として、国会図書館に贈呈し、後世に残すことにしました。

「人は幸せになるために生まれてきている」といわれています。しかし、我々は、「成功するための勉強」はしても、「幸せになるための勉強」は殆どしていません。本書が、「幸せになるための勉強」の一助になれば、幸いです。

二〇二一年十一月吉日

万代宝書房 代表

釣部 人裕

もくじ

第一章　高校中退・学歴コンプレックスから不動産業界への道

高校中退後
不動産業界へ…
学歴コンプレックスで
高収入へ憧れ
万人の知恵
CHANNEL

高校中退後、学歴コンプレックスを抱えながら職を転々としていた吉田氏。せめて収入では負けたくない！ その劣等感から高収入への憧れを持ち、不動産業へと飛び込みます。不動産業界に入り、20歳の吉田氏に、購入する方はいつも「お願いします」と言ってくださり、さらには「ありがとうございました」と言ってくださるのが凄く嬉しかったと語ります。

時代の流れ、お金の流れ、様々な経験から見えてきた資産運用の考え方とは？

1、「ありがとうございました」と言ってくださるのが凄く嬉しかった

釣部：皆さんこんばんは、万人の知恵チャンネルの時間になりました。今日はゲストに株式会社センセールの吉田正人さんに来ていただいております。よろしくお願い致します。

株式会社センセール　外観

吉田・工藤：よろしくお願い致します。

釣部：では吉田さん、簡単な自己紹介からお願いします。

吉田：昭島市から来ました。吉田正人と申します。仕事は、西立川の駅の近く、昭和記念公園の前で不動産の管理業、主に管理を主体とした不動産業をやっております。

釣部：ありがとうございます。工藤さんお願いします。

工藤：いつもありがとうございます。音楽事務所をやりながら哲学の私塾を運営しております。工藤でございます。よろしくお願い致します。

釣部：昭和記念公園というと電車で、右かな？右側に歩いて行く…。

吉田：立川方面から行くと右側じゃないですか。うちの会社はそこの左側、反対側。その線路伝いにあります。青梅線のときは是非見てください。看板が出ています。

釣部：そこで降りたら最寄り駅が？

吉田：西立川駅です。

釣部：なるほど。不動産屋さんということですが、いつから業界に入ったのですか？

吉田：最初に不動産に入ったのは二十歳の時。昭和60年ですね。ちょうどバブルが昭和58年から始まって、そのバブルのさなかぐらいの昭和60年のときに不動産の業界に入らせていただきました。

釣部：イケイケのときですね。

PULS シリーズチラシ

吉田：はい、不動産がグーッと本当に上がりに上がっていた時です。都内から始まったのですが、ちょうど都下の方に確か立川辺りに来たのが、ちょうど昭和60年ぐらいの頃ですかね。

釣部：不動産屋さんも色んなジャンルがあると思いますが、向こうだと一戸建て中心ですか？

吉田：そうですね。私が最初に入らせていただいたのは不動産の仲介業です。主に建売の住宅を販売する会社でした。

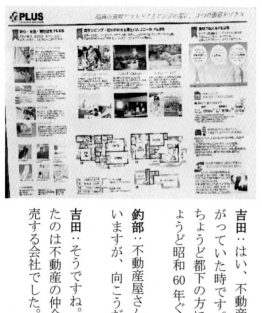

釣部：それは、住宅会社が土地と家を建ててそれを販売する。一件、契約が決まると何十万とか何百万とか入るという。結構、活躍されていっぱい売ったのですよね？

吉田：そうですね。その頃はお客さんも沢山いまして、私が新人で入った頃も、週に大体与えられるお客様を5人ぐらい担当で、もらえるんですね。そうしますと通常10人に1人は決めていただけるので、土日になると案内をして会社に連れて帰り、先輩が説明をしてくれれば購入していただけるみたいな状況でした。

釣部：でも、買うと言っても現金ではないので、銀行のローンの書類の書き方とか銀行との交渉の仕方とかも全部アドバイスして…。それを自分が20歳で、お客様は40代、50代、60代とかでやっていたわけですよね？

吉田：はい。その頃ですから、価格は高いので、年齢は40代50代の方でした。私が不動産に入って一番嬉しかったことは、それまで20歳になるまでは学歴もないので働いていたのはほとんど力仕事、職人さんの世界、塗装屋さんのバイトに行ったりとか市場で働いたりしていて、どちらかというとあまりお客さんと接することがなかったのですが、不動産業界に入らせてもらって、この20歳の私に、**購入する方はいつも「お願いします」と言うのです。それと「ありがとうございました」と言っていただくのが凄く嬉しかった**というのがありました。初めて契約した時に「おかげで、いいところが見つかりました」と言ってもらうのはすごく嬉しかったです。

釣部：それは儲かるとかよりも、お客様に感謝していただけるというのが大変喜びを…。

吉田：そのときはすごく嬉しかったです。若造の自分は、そういった言葉をかけてもらったことがなかったので。今まで仕事で言われていた言葉といえば、どちらかというと怒鳴られたり、遅いとかヘタクソとか…。

2、学歴コンプレックス、せめて収入だけでは負けたくない！　実家が倒産！

釣部：先程、学歴がないという言い方をされましたが高校には行かれたのですよね？

吉田：高校には行きました。うちの親がスーパーをやっていたので五日市高校の商業科に行こうと思いまして、こちらの地域ですと都立第五商業と五日市高校商業科があったのですが普通科と併設されている五日市高校に選んで行かせていただいたのですけれども、ちょっと早めに、高校一年生のときに辞めてしまいました。

釣部：少し、やんちゃだった部分があったのですね。

吉田：そうですね。交通事故にあいまして…。ちょうど自転車に乗っていたら後ろから車にボーンと轢かれて入院してしまいました。それで一ヶ月も入院してなかったと思うのですが、その後もちょっと、体が痛いだとか、なんだかんだ理由をつけて、学校をサボりがちになってしまいました。その後、学校に行ったら、もう全く授業についていけなくなってしまって、どんどん遠ざかっていって…。

一年生の終わりの時には出席日数が足りないから留年という話が先生から来ました。父と話した時に私は、「もう働く、もう高校を辞めたい」と言いました。父から「後悔しないか?」と言われましたが、「後悔しない」と答えて高校を辞めました。

釣部：結局、それで学歴がないという…。後悔しないと言ったとはいえ、やっぱり…。

吉田：今は、学生をやっていれば良かったなと。やっぱり色んな人が大学に行ったりして、色んな青春時代を過ごしていると思いますが、私は仕事だけだったので、そういった面では後悔をちょっとしているかな？ということを後から父には言いました。

せめて収入は負けたくない！

釣部：卒業しておけばよかったとか、大学に行って…。

吉田：大学行きたかったなぁという思いはあります。

釣部：でも、お仕事していて、それがある意味バネになった部分もありますよね？

吉田：やはり学歴がなかった分、自分の中で収入だけはなんとか負けたくないという気持ちで、働くことしかなかったので高校辞めてからすぐに、父がスーパーをやっている関係で、昭島に三多摩市場という市場を紹介してもらい、そこの青果の方で働かせてもらいました。そちらの会社にせっかく正社員で16歳の時に入らせてもらったのですが、一年ぐらいで辞めてしまって…。そこからは、ずっとほとんどバイトの仕事で、職人さんがだいたい多かったですかね。塗装屋さんをやったり、クロス屋さんをやったり、ただ日当で働いているので大学生の子たちよりは、お金を持っていました。**せめて収入だけでは負けたくない！**という思いはありました。

釣部：ちょっと今綺麗に言っているかなと思うのですけれども、ぶっちゃけて言うと、例えばある程度の年齢になって大学を出た友達や知り合いがいて、その人が年収何百万だったとしたら、俺もっと上だぜ！ みたいなのを持ちながら、ちょっとした優越感みたいな…。それが学歴コンプレックスを埋める何かで、ある程度の年齢まで生きてこられたと…。

吉田：お金をたくさん持っているのが成功だというところがありました。

釣部：工藤さんいかがですか？

工藤：働くことって尊いですよね。**ずっと働いていたというのが素晴らしい**ですよね。中退してしまう人は結構な割合でいると思いますが、すぐ生業に就いている。転職はあったのだろうけれども、働き続けているので、全然ＯＫでしょ。働くことで学べる事はすごく多いですからね。逆に僕なんか本当に羨ましく思います。働けるって、素晴らしいなと思う。あと、若い時の職人さんというのは、確かに同年代の子よりは所得多いですよね。だから、それはすごい自分の矜持だったのではないですか？ それはよかったですよ。

釣部：先ほどお聞きしましたが、スーパーが倒産したんですよね。それは何歳の時に？

吉田：19歳の時ですかね。

釣部：では不動産を始める前ですか？

吉田：前です。不動産を始める前です。

釣部：いろんな職人さんをやっている中で、呼ばれたのですか？

吉田：はい。軽天屋（厚さ1㎜以下の軽鉄骨を使って、天井や壁の骨組みを組む職人）の仕事をしていたときに父親から…。その前から家に帰ると、父が夜中にうなだれている姿は見ていました。今でも思い出します。やっぱりもう結構大変なんだなと思っていました。母の兄弟と経営していましたから、夜電話で親戚同士ですごく怒鳴りあったりとかもしていました。その中で、もう家がなくなるという話もしていました。

釣部：要は借金のカタに家がとられる？

吉田：そうです。借金です。

釣部：親戚みんな、家がなくなる？

吉田：ほとんどの人が…。中にはなくならなかった人もいますけど、役員で入っていた兄弟はなくなったと思います。ただ兄弟の中でも役員ではない人は別にそのまま…。変な話、従業員の方は個人保証を入れているわけではないので家を抵当で取られることはなかったと思います。うちの父とか母の兄弟の長男はなくなりました。

釣部：なくなった時どうされました？ 今まで住んでいた家ですよね。

吉田：もう引っ越すっていう時に、兄のほうはそのとき既に結婚していてもう家を出ていたのですが、私は30万円を渡されて、これでアパート借りて一人暮らしをしてくれと言われました。すぐ下の妹は父とアパートを借りるという形でした。父と母はその前から離婚していまして、一番下の妹は母と一緒に母の実家がある御殿場へ、おばあちゃんの方に行きました。そこで家族バラバラと言ったらあれですけど…。

釣部：だって30万くれて後は勝手にやってくれって。19歳だから、いいのでしょうかね？

吉田：そうですね。仕事もしていたので、それに関してはアパート代も出してくれて、少し感謝というか嬉しかった覚えがあります。一人で暮らしていくことに。

釣部：敷金・礼金をくれたということですよね。

吉田：はい。そのころ、敷金・礼金４ヶ月が必要だったので、たしか3万８０００円ぐらいのアパートに最初暮らしたんだと思います。

釣部：なんだか普通に聞くと、ここまででも十分ご苦労されている感じがしますが…。

吉田：私、苦労は今まであまりしてこなかったです。ずっと楽しく過ごしていました。その頃も沢山友達と遊んだりとかして、働いているからお金もあるし、本来はいけないのですけど19歳くらいからお酒を飲みはじめたり、楽しくは暮らしていました。

ですから父が倒産すると、家がなくなると聞いたときでも、そんなに落ち込むようなことはなかったです。ただ小さい頃から居た家がなくなってしまうんだなというのはありましたけどね。今でもときどき、その家を見に行きます。まだそのまま残っているんです。中古で買ってくれた人がずーっとそのまま使ってくれているみたいで、ときたま「ああここまだ住んでいる」と…。もしかしたら、また違う人に売ってしまっているかもしれないけど、まだ取り壊されていないので、ときたま見に行ったりしますね。

3、不動産を買うのであれば、稼げる不動産を買うべき?!

釣部：19歳で倒産して30万で、20歳で不動産屋に入る。不動産屋に入ったというのは何か意図というか狙いはありましたか？

吉田：その頃、軽天屋さんとかバイトをやっていたのですけれども、仕事、何がいいかなっていろいろと迷っていました。職人さんは面白かったのですが、あんまり合わなかったです。朝、現場に入って、それが大きい現場だとちょっと頭が痛くなり、休みたくなってしまう。あんまり合わなくて、なんか違う仕事をと思いました。それとスーツを着る仕事にちょっと憧れがあるところもありまして、不動産屋さんがいいかなと。学歴もそんなに言わない業界ですし…。

ただですね、車の免許を持っていないと入れなかった。私は、車の免許を持っていませんでしたし、教習所も通えなかったので、そのときにまずは車の免許を取ろうと思って仕事を変えました。軽天屋さんを辞めて、佐川急便で夜アルバイトして、昼間に教習へ行くのではなく、府中の試験場に一発で受かろうとしました。そうすると一回３０００円ぐらいで行けるんです。それを何回か受けて車の免許をやっと取って、今度不動産屋さんに面接に行くのですけど、ことごとく落とされてしまいまして…。なぜかというと、やっぱり免許を取り立てでお客様を乗せるのは危ないという事なのです、友人がたまたま働いていたところになんとか入れてもらえないか打診して、友人が店長に言ってくれて、そこに20歳のときに勤めさせてもらうことになりました。スーツに憧れているのと稼げるという噂を聞いていたので、不動産業界に飛び込みました。

釣部：それはすごく楽しくて面白くて。

吉田：そうですね。先ほども言いましたけど、お客様から感謝されるということと、知らない世界の中で住宅ローンもそうですけれども、結構いろんな勉強をしていくと楽しいなと私は思いました。だんだん知識が深まれば深まるほど、お客さんから感謝されますし。ですから、その頃私は販売屋だったので、住宅ローンでいかに融資を見つけて借りられるかというところに特化して、一生懸命やっていました。例えば、〇〇銀行だとあそこは割と融資が通りやすいとか、そういうことを色々探してやっていましたね。

釣部：資格の勉強も相当しないと、不動産屋さんだと…。

吉田：そうですね。ただ20歳ぐらいのときは、資格を何回か受けたのですが、落ちてしまい、宅建の学校に行かなかったので独学でやっても受からなかったです。ただどちらかというと、20代の頃は住宅ローンをいかに公庫とか都融資とかそういうのを年金などとセットでお客さんが買いたい時の融資の組み方を先輩に教わっていました。

釣部：その後、独立されますよね。何年ぐらい勤めたのですか？

吉田：その後20歳から30代ぐらいまで不動産をやっていたのですが、実は25歳の時に初めてマンションを買いまして。ちょうどバブルで平成3年の頃ですから、価格がとても上がっていたのでもう一生不動産は買えなくなるのではないかなと思っていました。その時私が勤めた時の店長が、不動産会社は歩合が多いのですが固定給がちょっとあるんですね。固定給を15万円貰っていて、15万円はないものだと思って定期預金を組めと言われて、毎月15万のうち10万定期をずっと組んでいて、ちょっとお金が貯まったからマンション買えるなと思って、銀行に融資をお願いしたら通ったのでマンションを買いました。

それが金利のとても高い時だったので、毎月の支払いは25万円でした。毎月の支払いも景気がいい時は良いのですが、購入した後にバブルが崩壊して、いきなり住宅が売れなくなってきて、そうすると固定給15万で、ローンは25万で全然支払えなくなって、カードローンとか借りて住宅ローンを支払うことをしていたのですが、だんだんもうどうにもならなくなってきまして。これは毎月きちっと給料がもらえるところに行くしかないなと思いました。

ちょうどその時にマンションを建てる建築現場で、先輩に現場監督の出向のアルバイトをやらないかと誘われました、手取り50万円くれるということなので喜んで勤めさせていただきました、その時私は○○建設という大手に行きました。そこだと50万貰って、ローン40万（住宅ローンとカードローン等で借りた支払い）を払って、その頃は10万円で生活しながらなんとか借金を返していました。その会社に勤めているときに宅建の資格を取らせていただき、30代の時に独立する前に働いていた会社から新たに不動産仲介会社の店舗を出すから、そこの店長をやってくれないかという誘いがあったので、また不動産業業界に戻ってきました。

釣部：その時の店舗は何をメインにするところだったのですか？

吉田：不動産の仲介です。住宅の販売をやっていました。チラシを入れて集客をして、建売住宅を販売するのが主な仕事でした。営業マンも、その店舗で10人ぐらいいました。

釣部：そこの店長さんをなさっていたのですね。

吉田：店長をしている時にお客さんとして、今の奥さんの母親と知り合いました。お義母さんは不動産投資が好きで、「私に不動産投資の物件を探してきて！」依頼されて、「不動産投資っていいのかな？」と思っていたら「だってね、吉田君、住宅ローンって負債でしょ？ お金を生まないでしょ」と言われて、「なるほど！」と思いました。ちょうどバブルもはじけた頃なので、不動産投資を勉強し始めました。そしたら、そのころすごく不動産投資の利回りが良かったんですよ。

もう13％とか15％ぐらい回っていて、夢みたいな話でした。そのお義母さんに「こういう物件どうですか？」と物件を紹介して、そこから不動産投資の方にどんどん入って行きました。利回りの良い不動産投資物件を紹介していたので、個人で所有するより法人化にした方が税制上有利なので、法人を創られました。その後、娘さんと結婚をして、その法人の代表として私が引継ぎ現在に至ります。

釣部：では、今の奥様の紹介者はお義母様なんですね。

不動産投資を語る

吉田：そうなんですよね。お義母さんは飲食のお店をやられていて、お義母さんと仲良くさせていただき、お義母さんに不動産投資物件を紹介させていただいてました。

釣部：そしたら、娘さんが居て、この人なら大丈夫よとなった？

吉田：いや、そんなことないです。その時に私はもう結婚して、子どもがいました。だから最初は、まさかそんなふうになるとは思いもよらずという形ですね。たびたび食事をしたり一緒に飲みに行くようになってどんどん彼女に惹かれてしまい、大きな決断をしました。

釣部：そうやって、まあ順調と言うか、いろいろありながらもやっていって、10年前ぐらいですか、お兄様を亡くしたのは？

吉田：兄が44歳のとき、心の病で、自ら亡くなりました。

釣部：お兄様とは当時交流があったのですか？ ご家族というかお父さまやご自身はありましたよね？

吉田：兄はもう結婚していました。父の方はすでに会社が倒産していたので、別々でみんな暮らしていました。それで、亡くなる1年くらい前からですかね、兄の方もやはり離婚してしまって、奥さんがいなくなってしまい、仕事の気力がなくなって…、ほとんど仕事もせずという形になり、だんだん痩せ細っていきました。父に電話して、お金をちょっと借りられないかみたいな話をするような状況が続いていました。交流はありましたが、そんなような状況でした。

釣部：工藤さん、ここまで聞いていかがですか？

工藤：不動産投資は、僕も過去に少しやったことがあるのですが、面白いですよね。若い頃私は証券マンでして、お金に関する仕事だったので、**持つことによって得られるものがある資産を持つか、持つことによって目減りしてしまう資産を持つか**というのを、結構勉強しました。

それで、お金持ちの見方が変わりましたね。例えば、「あの人、豊かだよね！」と普通の人が思うのは大豪邸に住んでいて、高級車を乗り回していて、スーツもバッグ類も全部ブランド物だと普通に考えたらお金持ちだと感じると思うのですが、私今、幸いそういう勉強ができたので**「あ、この人は持つことによって、減っていっちゃうものばっかりを集める人なんだな」**という見方をしていったんです。

それに対して、不動産というのは、**人に貸せば家賃が入る。**だから、そういったようなものをしっかり持っていなければいけない。あと、これは才能がないとできないけれども、本を書いたり、曲を書いたり

兄と鉄道公園にて

して著作権をもらうとか、印税収入的なものをもらっていく。そういったものを仕事としてもう一方のツールで持たないと、いつか詰むと、僕は思っていて…。公務員でもサラリーマンでも良いのだけれども、定年退職すると、その後の余生がある。それを計算すると、どう考えても退職金では賄えない。健康であれば、コツコツ働き続けることができる。しかし、歳とともに体がきかなくなる。働けなくなります。余生だけはあります。余生だけはあっても、入ってくる収入がなくなってしまう。いいところに勤めていて、退職金が高かったとしても、いつかは使い果たしてしまう。だから人生、詰んじゃうよね！というのを、実は20代ぐらいのときに僕は気づいていて…。

だから、**資産というのは儲かる儲からないではなくて持つことによって得られるものがある資産に振り替えていく**ということをかなり意識してやらないと、後の祭りだというのがあって、それで僕は不動産投資をちょっといくつかやっていたことがあります。だから、吉田さんのおっしゃっていることがとても分かります。

不動産というのは、大正解ですよね。この感覚は他の人もみんな絶対勉強した方がいいと思います。たまたま収入が高いとタワーマンションに住んでしまったり、車を買い換えたりしますが、タワーマンションも自分が住むために持ってしまったら、それはただ持つことによって減っていく資産になってしまうので。固定資産税だとか、いろいろランニングコストが必要になります。だから、**不動産を買うのであれば、貸すための不動産を買うべきなのです。**それで、自分が住むところは生活に必要な部分だけのもので十分ですから。

第二章　大家・オーナーさんに、きちんとした収入を！

万人の知恵
CHANNEL
大家さんの
親戚も大家さん
このたわけ！！が
お家を潰す理由

情報の不透明さを感じることの多い不動産業界。そんな中、吉田氏は大家さんの手取りが多くなるような提案を心掛け、目の前の顧客に真摯に向き合う仕事のスタイルを貫いています。

誠実さは信頼を生み、それはやがて大きな輪になっていく。工藤氏が幼い頃聞いた話も、吉田氏のスタイルに繋がっていました。

1、管理から「賃貸の戸建て」の再生へ

工藤：必要以上に大豪邸とかいらないね。僕は証券マン時代、本当にお金が豊かになっていく人たちと、「今太閤」と言って、瞬間大当たりするけれども結局は消えていってしまう人、この考え方の違いを明確に見てきたので、すごく大事なところだと思います。不動産投資は、皆さんもやったら面白いと思いますよ。

不動産販売会社の社員旅行

釣部：やっぱり、お客さんを見ていてそうですか？

吉田：そうですね、本当にまさにおっしゃったように不動産業界でも、例えば不動産がグーッと上がっていて、そのために買っている人がいます。一時的にはすごいバーンと儲かりますが、ただそれは時流で消えていってしまいます。私もそれを見ていたときに、**本来の不動産投資はキャピタルではなく、インカムゲインできちっと利益を得る。**ちょう

どバブルの時に入って、バブルがはじけて…。それで誰も不動産を買わなくなって、インカムだけでも十分利益が出る物件が多く出ました。今もすごく良くなっている人は、誰も買わないときに不動産を買っている人が多いです。

工藤：株も上手い人は下がり切ったところで買いますから…。

吉田：それは本当に思いました。やはり投資なので、ギャンブルみたいなところがありますよね。

工藤：まあ、ワクワクはしちゃうんですけれど…。

吉田：上がると思うのはギャンブルですが、**インカムをきちんと計算すると、そのギャンブル要素がかなり排除されます。**

工藤：たまたま評価がプラスになることがあるぐらいのもので、入ってくるものと出ていくもののバランスで割り負けしない形を作って、その引き出しをいっぱい作ってしまえばあとは自分が働かなくてもメンテナンスだけでやっていけるのですよね。

釣部：僕は今まで、お金があったらタワマンに住みたいなという発想でした。吉田さんの今までのお話を聞いているだけでも、お家を失ったり色んな事をやって、今メインの不動産というのはどういうものですか？

吉田：会社を引き継いだ時の最初は仲介をやっていました。夫婦2人で始めたので給料も毎月厳しかったです。販売の仲介は、仲介手数料を稼げるので、紹介のお客様に物件を紹介したりしていましたが、毎月固定でフィーが入って来るのは賃貸管理なんです。賃貸管理は毎月必ず集金賃料の5％は入ってきますので、そこで管理を増やしていこうと思ったんです。

プロパティーマネージメント（主に不動産に関する資産管理を行う業務のこと）ってご存知ですか？　不動産協会の研修でプロパティーマネージメントの考え方の講習を受けて…。オーナーさんの資産、手取りを増やすための管理というものを学んで、とにかくそこを頑張ってやってみようと考え、大家さんの手取りを増やすことを追求しながら管理をしてきましたら、紹介で管理がどんどん増えていきまして、その管理が増えるとそれに対して、どうしても人手も必要になってきます。それで一時は10ぐらい社員もいましたが、人も入れ替わり募集してもすぐに辞めていく人も多かったので、管理をもうこれ以上増やしていくのも大変だよねと女房と話して管理を増やすのはやめようと決めました。紹介で大家さんが困っているのであれば受けますが、管理の仕事は少し減らしながら、今は**空家の戸建ての再生**みたいなことをメインでやってこうかなと思っています。

釣部：管理の仕事って、具体的には何をしているんですか？ 僕は見える部分しか見えていないので…。

吉田：まず、家賃の集送金ですね。昔は家賃の滞納催促の業務もありましたが、今はほとんど保証会社が入っているので、それは私どもの業務から外れています。ですので、基本的には家賃の集送金です。一番多いのは住んでいて、あそこが悪い、ここが悪いといった不具合、あとは隣の家の騒音などといったご近所トラブル、清掃管理ですね。毎月、管理物件の清掃巡回もしています。

家賃の管理と建物の維持管理と修繕の管理、それと退出した時にリフォームの費用は誰が負担するのかというのを決めて、大家さんと入居者に伝える業務。退室後に適切なリフォームをすぐにして一日も早く募集をして入居してもらう。当社では退室後2週間で入居できるように事前の準備を心がけています。**一番大切なのは入居率が常に90％以上にすること。これがないと大家さんの賃貸経営が思い通りにいかない。**稼働率を上げて、費用の支出を抑えて手取りを増やすのが当社の管理の基本的な考え方です。

釣部：単純に言うと、部屋借りたいという方は、お客さんにはならないわけですよね。違う不動産屋さんがいて…。吉田さんのお客様は、不動産屋さんか大家さんかということですね？

吉田：私どものお客様は基本的には大家さんと、入っている入居者の方です。

釣部：見つけてくるのは違う不動産屋さん？

吉田：そうです。うち直接の仲介はほとんどやりません。

釣部：僕は、管理するのが一番安定収入なのかなと思っちゃうのですが、それがしんどい？

吉田：管理を増やす、例えば戸数1000戸2000戸に増やすとして、少ない人数で効率よくやればできると思いますが、当社がこだわる管理の質を下げずに、サービスよく徹底してこだわるとなると、ある程度人数が必要になります。従業員をたくさん雇用して管理戸数を広げていくと、固定経費もかかりいずれ管理の質が下がると思い、むしろ少ない人数で自分たちの理想の管理をやっていた方がいいと私は思います。そうすると管理の収入が下がってしまいますけど…。

そこで、今後力を入れていくのが戸建の賃貸、戸建てだと管理には手間暇がかからないんです。隣との騒音もなければ、水のトラブルもすごく少ない。入る前にきちんと全部チェックしてリフォームして水回りもしっかりすれば、もうほとんど10年間は何もありません。入居者の方も1回入るとだいたい長く住んでくれる方が多いですし、愛着ある方だとみんな自分で直したりとか、最終的にはこの家売ってくれない？みたいな感じで、そんな風になると、一番それが良いです。

今までもいくつかやってきましたが、戸建賃貸の管理が一番いいなと思います、戸建賃貸の入居者さんにも一番喜んでもらっています。戸建賃貸に入居する人は比較的長く住んでもらっています、長く住んでいただいているのは喜んでもらっているのかなというのもあります。

釣部：家を一軒持っている人が大家さんで、それを管理してと言われたら、リフォームして不動産屋さんに言って、住む人を見つけてもらってそれを長く住んでもらうような。

吉田：できれば、空家を買い取るか借り上げをして、建物の調査をきちんとしてリノベーションをして賃貸にする。空家のまま放置している所有者の方は綺麗にする費用がなかったり、更地に解体しないと売れないと思っている方が多いです。解体費用がかからずに建物を生かして高く売れれば所有者も喜びます。また、相続などで複数の方が所有する家は、売ることもできない場合もあります、弊社で借上げ、リフォーム費用も弊社で負担をして賃貸にすることもあります。時期がくれば不動産投資物件として売却することも可能です。空家問題は地域社会にとっても問題ですので、誰も済まない空家を生かして働いてもらう提案をしていきたいと思います。

2、大家さんの手取りが多くなる提案を

釣部：大家さんからしてみると、管理会社はいっぱいあるじゃないですか？ 吉田さんのと

ころに頼むと他の不動産屋さんと何が違うのですか？

吉田：うちに来る大家さんは、やっぱり悩まれていて、割と家賃は入ってくるけれども支出もなんだかんだ多かったりとかして、一か月終わってみると手取りが少ないと言います。皆さん、ほとんどの方が土地は持っているけど、建物は融資を受けて建てるじゃないですか。支払いもあるし、支払いをすると、ほとんど何も残らないという方が多いですね。

私どもはまず管理を受けた時に手取りの少ない原因を探します。空室が多いのであれば、なぜ空室なのかを調査します。賃料なのか、部屋のリフォームが問題なのか・・。そして支払いがどこに負担がかかっているかを見ます、コストがかかっているところを探し、コストがかかっているところをコストダウンできないかを考えます。そうしてすこしでも大家さんの手取りが多くなる管理を提案します。

あとはいかに回転良く入居者を入れていくのと、**入居している方にいかに長く住んでもらえるかを考えています**、例えば、長く住んでもらっているので、もし更新していただければキッチンとか配管などの普段やらないところのハウスクリーニングをサービスしたらどうですか？ と勧めたりもします。

昔の大家さんは、礼金敷金とかがあるので、むしろ回転していたほうがお金が入ってきたのですが、今は、回転すると入居者からはリフォーム代はほとんど取れなくて大家さんの負担が大きくなるので、なるべく長く入居してもらえるように提案しています。長く住んでもらえるのが一番の空室対策となります。

あくまでも「手取りを多く」をモットーとしていますので、**私どもは管理費を5%いただくのみで、それ以上は一切リフォームでも上乗せはしません。**そうしますと他の経費が明確になっていきますので、支出のどこに手を付けるかもわかります。他の管理会社と違うところは、そこかなと思いますね。小さい会社だからできるというのもありますけれど…。

釣部：お客様を見つけるのは自社ではないですよね。ただ吉田さんの所だとすぐ見つかるとか、他だと見つからないとかそういうものもあるんですか?

吉田：不動産管理を依頼され空室が出た時に、私どもは仲介専門のお客さんを紹介してくれる所にお願いします。カラーの綺麗な図面を作成して仲介専門会社にお持ちして、大家さんの代理としてなんとかお客さんをご紹介して欲しい、ご案内をして欲しいとお願いに回ります。

でも中には、管理会社の方では、両手と言いまして、お客様からも手数料をもらって、大家さんからもいただく、二つもらいたいからというのであまり情報を表に出さないケースがあります。自分のところでお客さんを囲みたいからです。そうすると、お客様の目に触れる回数が少なくなるので、入居が遅くなってしまいます。なので、私どもは大家さんの代理として入居促進の手数料をいただく代わりに、仲介専門会社さんとかにどんどん情報を公開して、なるべく早く紹介してもらいます。そうすると入居者が早く見つかります。

釣部：どこでお金をもらうか、どこでもらわないかが明確に決まっているという感じですよね。

吉田：そうです。私はその資格を持っていませんが、これがプロパティーマネージメントの考えですね。**お客様からは、きちんと説明してもらうべきお金以外はもらわない方がいい**と思っています。もしリフォーム代でもらうのだったら、「手配賃はもらいますよ」というのはしっかり大家さんに伝えて、ただ往々にしてそれを説明しなくてリフォームしたら手配賃があるから20％乗っけて、大家さんに請求しようとかいうケースも多々あります。これはあんまり言うと不動産屋さんからすごく怒られそうな感じがしますけれど…。でも実際は、本来もらうべきものはきちんと説明してもらうというような考え方で、そうすると大家さんもやっぱり納得していただけるのではないかなと思います。

釣部：工藤さんこの辺いかがですか？

兄弟4人で自宅にて

工藤：業界的に、よくわからないお金って多いですよね。私も家を持ったことも借りたこともありますが、要は家賃いくら敷金いくら礼金いくらというのが書いてあっても、実際はそれと全然違う金額を払わなくてはいけなくなるじゃないですか。それに対して明確に説明を求めてもなんだか分かるような分からないような説明をして…というところですよね。

逆に、こっちが客の立場でちょっと語気を荒げて、「わかるように説明せんかい、コラ！」みたいなこともやるんですね。そうするといきなり値段がボンと下がるんですよ。ということは、このお金は要らないお金なんじゃない？　というような、すごくガラス貼りじゃないものが多いですよね。

それを明確にしてあげたら入ってくれる店子さんも大家さんの方も安心感がありますよね。大家さんは、大体が紹介と仰っていましたよね。大家さんは、結構親戚一同大家さんですよね。「たわけって言葉知っている?」、僕が子供の頃親戚のおばさんから聞いたのだけど、「このたわけ者が」って言うじゃない。あれは「田んぼを分ける馬鹿者が」という意味なんだと言っていて、だから恋愛結婚はしょうがないのだけれども、どうせ結婚するのであれば同じぐらいの、持つことによって得るものがある資産を持っている家同士でくっつかないとだめですよという意味。だから代々お金が減らない家というのは、こういう結婚をするんですよ。もちろん生理的に無理な人とは結婚しないけれど、まあまあであれば、うちも土地も貸している物件も持っているよと言ったら、同じぐらい持っているところと結婚すると田分けにならない。

でもこれが何も持っていない、持つことによって出て行くものしか持っていない資産を持っている人と一緒になると、結婚した時に田んぼを分ける行為をしなきゃいけない、だから相続税が払えなくて切り売りをしてしまうことになると教わった事があって、だから戦略としては素晴らしいと思って横で感心して聞いていました。戦略としてやったわけではなくて、勘で誠実さが結果そういう形になったのだと思いますが…。

大家さんの親戚一同はほぼ大家さんです。これ現実なんです。地主なんかもそう、地主の親戚は全部地主です。だから一つの所で評判良くなったら、「吉田さんの所、いいよ！」となって、「じゃあ、うちもそれにしようかしら…」と普通に親族会議で出てしまいますので、それは芋づる式的に取れますよね。その信用の輪が広がってくというわけですよ。

吉田：最初のころは管理が10部屋あるかないかでしたが、今ではほとんどが紹介で500戸ぐらいになっています。

工藤：それが紹介で増えていったわけでしょ？　逆にいうと不動産はそういうグレーな部分が多い分、襟を正してガラス張りできちんとやると、あっという間にブランドチェンジしてもらえるという所がありますよね。皆が誠実だったらそうはいかないじゃないですか。

吉田：仲介屋さんでも、消臭代とかいって勝手に1万とか2万とかお客様から取って実際にはやらなくてという、そういった余計なお金がかかるのをうちは一切しません、敷金礼金0でキャンペーンなんかやっていると、それこそ5万円ぐらいで入居できたりします、大家さんも空室期間を短くした方が良いので理解してくれます。ですからお客様を紹介してもらえる仲介屋さんも、うちの管理している物件だと安心して紹介しやすいところがあります。

工藤：「ちょうどいいところありますよ」とやってくれるわけですよね。

吉田：やってくれるというのは、やっぱりそこが浸透してきたので、早く回転良く入居がきまりますと大家さんにも還元できているし、空室が少なくなるので、大家さんに多くのお家賃をお渡しできます。それに、**うちは空いている部屋の管理手数料は一銭ももらっていません。**ということは入居率が高ければ、自分のところの手数料も入ります。うちは賃料が発生しているお部屋から管理費をいただいております。

3、辿り着いた幸せのかたち

釣部：これを見た方が、吉田さんにお願いしようと思っても、担当エリアが決まっているのですよね？

吉田：そうですね。私どもの近く、自分たちの目に届かないところはやらないという方針です。

釣部：名前で言うとなんという地区になるんですか？

吉田：昭島、立川、福生、羽村、あきる野です。

釣部：本当にお世話できる範囲にとどめているんですね。

吉田：やはり、軒数を増やして管理の質を下げるというのは、今の大家さんに対して失礼になってしまうのでできる限りしたくない、とは思っていますね。

釣部：もう会社を大きくするとか、前のように学歴がないけど収入で俺はすごいぞというのは今はもうない？

吉田：ないです。これも以前に倫理法人会のモーニングセミナーでもお話ししたのですが、私、前は会社をどんどん行け行け！と思っていました。会社を大きくして売上も上げてと思っていました。そうすると、会社の働いていた方に対しても、やはり売上を要求するじゃないですか。「なんだ、働いているならもう少しやってくれよ」という、ちょっと「責める心」がどうしても出てしまって、そこが伝わってくるのだなと思いました。

そうすると私の考え方が出てしまうというので、今はもう現在いる社員の方に本当に幸せになってもらえるような形で安定して無理なく、給料もみんな少しでも多く貰えれば一番いいことですけれど、そうできるように考えています。では、給料を少しでも多く貰えるためにはどういうところで仕事を増やして利益を上げていくかを考えています。ただ、あまり無茶すると歪みがくるので、働いている人がきつくなって辞めてしまはないように、楽しく利益のでる仕事を考えていきます。

入居者の方も大家さんも両方喜んでもらえるような、尚且つ、うちの社員にも協力会社の人たちにも喜んでもらえるような風になれば一番いいなと、これは本当に純粋倫理を学んでから心の底からそう思えるようになったというのが、倫理法人会に入って、随分変わったなと感じます。

釣部：では、倫理法人会に入る前は、売上向上、会社を大きくしたいと思っていて、でも純粋倫理を学んでいるうちに、「なんかちょっと自分の目指したいもの違うぞ！」と思い始めて、今は皆さんに喜んでもらえるような会社にしていきたいと思う。そして、これからもその賃貸の戸建ての再生をメインに、地域密着型で、自社で買い取ったり、大家さんにも皆さんに幸せになってほしいということですね。

あと、自分がお家を失くしているとかローンが払えなくなったという体験があるのでそんな思いをさせたくないと…。なんだか一家に一人不動産に詳しい人が居たらいいですよね。

吉田：うちの父親が倒産した時に分かったのですが、新築で買った家の接道が5㎝ぐらいとれてなかったんです。道路に接道していないと再建築が不可となり価値が3分の1ぐらいになってしまいます。父はその時に近所に頭を下げてまわり、何とか接道できるようにして家を売却しました。今はほとんど法整備がきちんとなっているのでそんな悪い業者はいませんが、身近に不動産の知識を最低限知っている人がいるといいですよね。不動産は相場があって無いようなものもありますし、**ほとんど情報の非対称性で儲けているようなところがあります。**

売主さんから見て自分しか知らない情報を相場はこんなものだよと、安い値段で買って高く売る…、**この情報の非対称性を買う時も売る時もオープンにしていけば、買主さんも売主さんも良くなる。**うちの会社に売却の依頼が来たときは必ず買い取りの価格と一般に売りに出した時の価格を提示します、早く売りたいという人は買い取ってくれと言うときがあります。いつも私どもは全部を提示して一般に売ったら2000万円ですよと、うちが買い取るとこれだけ経費がかかって、うちも買い取るとリスクを背負わなくちゃいけないから1500万円になってしまいますよというのをしっかりと説明して、どちらがいいですか？　と説明したうえで、買い取らせてもらいます。

先ほど言ったように、全部説明することが必要だというのは、そこがやはり信頼に繋がるのではないのかなという気はします。

釣部：なんだか、**すごく誠実な不動産屋さんですね。**

工藤：いやいや、あまりいないですよ。

釣部：非対称性と仰ってましたが、不動産屋さんって、本当に全部は教えてくれてないですよね。

工藤：ちょっとズルい人が多いですよね。

吉田：変な話、仲介屋さんの中には自身に手数料がいくら入るかによって、お客さんに紹介する物件を変えていく…。例えば、売主が売れない物件を、「これを売ったら君に１００万あげるからなんとか頑張って！」といわれたとします、そうしたらその営業マンは来る人来る人、何故かそればっかり紹介する。お客様の希望の物件というよりも、自分の収入が上がる物件を紹介する。そういう人はすごく多いです。

工藤：ほとんどですよね。

吉田：はい、でもそれは誠実じゃないな、とは思います。

会社概要

■会　社　名　株式会社センセール
■代　表　者　吉田　正人
■本社所在地　〒196-0033
東京都昭島市東町1-16-13
センセールビル1階
TEL:042-595-8368
FAX:042-595-8418
■設　　　立　2008年6月4日
■資　本　金　３００万円
■従　業　員　10名
■役　　　員　取締役会長　小板橋 公子
取　締　役　吉田　孝栄
■取引銀行　青梅信用金庫・西武信用金庫

会社沿革

2008年 6月	不動産投資会社として設立	
2008年 7月	羽村市に区分所有マンション	1戸 取得
2008年 9月	立川市に事業用ビル	1棟 取得（総戸数 4戸）
2008年11月	福生市に区分所有マンション	1戸 取得
2009年 1月	昭島市にマンション	1棟 取得（総戸数12戸）
2010年 9月	羽村市にマンション	1棟 取得（総戸数15戸）
2011年 1月	日野市にマンション	2棟 取得（総戸数12戸）
2012年 1月	瑞穂町に戸建賃貸	1戸 取得
2012年 8月	羽村市にマンション	1棟 取得（総戸数12戸）
2013年 1月	立川市に木造アパート	1棟 取得（総戸数 2戸）
2013年 9月	宅地建物取引業免許取得　立川市自社ビル３階に事務所設立	
2014年 6月	立川市に事業用ビル	1棟 取得（総戸数 5戸）
2015年 5月	昭島市に事業用ビル	1棟 取得（総戸数 4戸）
2016年 5月	東大和市に戸建賃貸	1戸 取得
2016年 9月	賃貸管理専門部門として 有限会社アットホーム（福生市）をM&Aにより会社設立 従業員３名出向	

第三章　両親は離婚、それでも父は母を愛していた…

離婚しても
家族の幸せを願う
繰り返さないために
破約への贖罪を
万代宝書房
万人の知恵
CHANNEL

2分に一組が離婚していると言われる現代。両親が離婚、そして自身も離婚経験のある吉田氏。前妻と現在の妻へ、感謝と幸せを願う気持ちを語っています。

そして、純粋倫理から見て離婚とは悪なのか？　罪なのか？　それは、一緒に幸せになろうねという約束を破ったことに対する罪を消すような、なんらかの実践をしていないとよくならないと、工藤氏は話します。

1、離婚は果たして悪なのか？

釣部：話題を変えまして、吉田さんのご両親もスーパーのことがあって離婚されて、吉田さん自身も離婚されたということで二代ですか。釣部家は五代全部離婚したことによって、再婚した方が子孫を作って、また子孫ができなくて、再婚した方が子孫を作って…、うちは再婚していなかったら子孫が途絶えていたんですよ。実は僕も再婚した人が男の子二人を産んでくれて…。だから、僕は離婚に悪いイメージがないのですが、だんだん倫理を学んでいくとどうなのかという気持ちもあって、工藤さんはこの辺いかがですか？

工藤：離婚自体は別に倫理では悪いとは言っていないです。一部のおじいちゃん、おばあちゃん先生は「離婚はいかん！」とか言い方するけれども、**人にはその時そうせざるを得ない時ってある**じゃないですか。だからそれはそれでいいんですよ。

大事なことは結婚するという約束をするわけで、一緒に幸せになっていこうねって言い回しは人によって違うだろうけど、そういう覚悟で一緒になったのに、それを反故にしてしまうわけです。それは約束を破った、**破約と言うけれどもそれに対する消罪、罪を消すような、なんらかの実践をしていないとよくならない**ですよ。

離婚した場合、その理由を相手のせいになさる方が圧倒的に多いじゃないですか。自分は悪くない、相手のせいでこんな風になったと言う方です。でも、これでは消罪するきっかけがありません。**自分も反省するところがあった**という具合に改めることができると、別に離婚というのは決して悪いことじゃなくて、より良くなるために一つ勉強しましたねということになるだけなのです。

純粋倫理の話でいうと、倫理を学んでいても、そこら辺の消罪はちょっと横に置いておいて蓋をしてごまかしている方がすごく多くて、**そういった方というのは見ていると本当に幸せなのかなって思います。**金銭面で言えば、仕事なんていうのは頑張れば稼げるところがあって、あと健康さえあればなんとかなるよということがあるのだろうけども、**寂しい老後になってしまったり、ちょっと何か足らないような人生になっている方が多い**んですよ。

離婚は悪くない、ただその約束したことを守れなかったということに対して、罪の意識があるかとか詫びるとか、そういったようなことをきちんとして生きてかないと難しいです。変な話、工藤家は離婚経験ゼロで、代々どこも無いんですよ。その代わり、三代先から上は全部妾がいたという家系ではあります。それで、私は初婚で家内はバツイチなのですが、幸い純粋倫理のおかげで、そこのところはきちんと実践してくれているので、３人の子供達も結婚してくれて、孫もこないだ5人目が産まれました。みんな幸せに暮らしています。

だから離婚は悪くない、しろといっている訳ではないですよ。ただその約束通りにいかなかったというところは、きちんと罪滅ぼし的なことは意識していかないと同じことの繰り返しをしてしまう。

家系因縁という言い方を私はしますが、自分の代で家系に因縁ができてしまう。ただ自分が意識することによって、その家系因縁のバトンを自分の子、子孫に渡さなくて済むんですよ。だから、約束したのだけれど思う通りにいかなかった。それは不徳と致すところであるときちんと詫びて、**なんらかの純粋倫理的な実践をしていくと家系因縁のバトンを渡さずに済むので、バツのある方はなさった方がいいです。**

小学校入学式

2、倫理と消罪

釣部：お父様とお母様は離婚されたけれど、最後は一緒になられたんですよね？

吉田：父が、具合が悪いと病院に行った時には既にほぼ末期ガンで、痛いって言っていて病院に通ってずっと治療をしていたのですが、内臓ではなく、整体の病院に通っていたので、治療が全然違かったので、痛みが取れず、大きな総合病院に行って看てもらった時には末期で、その時に母に電話をしました。父ができれば母に看てもらいたいということを伝えました。そのころ、母は御殿場に居て父は千葉に居たんです。千葉の病院に、すぐ母に来てもらって、それからずっと看てもらっていて、でもすごく嬉しそうでした。父は、結局再婚もせずにずっと独りだったので、やっぱり母に来てもらいたかったんだ思いました。最後は籍も入れました。

釣部：それは、消罪？

工藤：消罪ですね。積んだと言うか、青果店、スーパー、それを畳まざるを得なかった流れの中でやはり籍を抜かなきゃどうにも立ち回らないという時、あるじゃないですか。そういったのもある、でも今お話を伺っているとお父様はお母様のことずっと好きだった。

吉田：好きだったみたいですね。母はどうだかわからないですけど、母はまだ生きているから…。でも父は多分そんな感じでした。

工藤：我々男が勝手に男の理屈言っちゃいますが、男って純情じゃないですか、結局。いつまで経っても小学5年生のハートを持っているじゃない、だから、お父様はお母さんのことずっと大好きだったんだと思いますよ。

釣部：ご自身の消罪というのは何か意識はされていますか？

吉田：消罪になるかどうかわからないですが、まず離婚した時に住んでいた家を前の奥さんに渡しました。もうすぐ住宅ローンも払い終わります。それと子供が学校へ行く間の学費とか、そういったものは全部やらしていただく、その代わりに会わせて頂いていたんです。今は、もう大人になったので会うのは2週間に1回ですけど、まだ小さい頃は1週間に1回会っていました。その時は金銭的に毎月苦しかったです。

でも、今の奥さんはそういうことも全部許してくれて。離婚して前の奥さんが再婚もしていないので、理解をしていただけて、そこはやらせてもらえました。

上の子どもが高校生の時に獣医大学に入るかどうかになった時、少し荒れたところがありました。でも獣医大学に一生懸命勉強して入って、ずっと留年もせずに来られたのは前の奥さんが一生懸命、そういう風に導いてくれたのだと思っています。

今は、前の奥さんと会いはしないですが、電話で何かやりとりをする時に、子供のことで喧嘩になる場合が多いですけども、その時に、**「一言だけ言わせてくれ。子供がまっすぐに育って大学までとりあえず行かせてもらったのは、あなたのおかげだと思う。それはすごく感謝しています」**という言葉を添えたら、いつもは喧嘩で揉めていたのですが、その時は、前の妻も学費とか負担してくれたことは感謝していると言ってくれました。だから消罪とするとまずそこのところですかね。

あとは、今はできれば幸せになってもらいたいなという気持ちはあります。毎朝仏壇のご挨拶の時に子供と前の奥さんもできればいい人が出来て幸せになってもらえればと祈っております。

釣部：別れると養育費を払わない男性も結構いると聞くし、前の奥さんの悪口を言っていたり、前の旦那の悪口を言っている方も結構多いなと思うんですよね。僕は離婚する時に自分の師匠に言われたのは、「お前ね、離婚しても子供の養育は当然だ。男の義務だ。別れた奥さんの幸せを祈れないようなやつなら離婚なんかするな。死んだら終わり、別れたら終わりじゃなくて一生面倒をみる覚悟でいないとだめだよ」と言われて、今聞くとそのことを言われていたのかなと思います。

吉田：僕は倫理法人会に入る前から、離婚した時点から、養育費だとかは全部やっていましたが、もし純粋倫理をやっていなかったら思いがそこまで出来たかなというのはあります。今の奥さんに対しても、そういうことをやらせて頂いたという、ともすると、「なんで前の奥さんのところにそんなに…」となっちゃうじゃないですか。

釣部：要は支出の優先順位一番がお子さんと家のローンにしてくれたんですよね。

吉田：それはすごく感謝ですね。今の妻には本当に仕事もそうですけれども、二人でやってきたので管理の仕事は妻が一生懸命にやってくれていたおかげで、ここまで伸びてきました、妻には本当にすごくやってもらっています。**今の仕事が増えているのは、妻の人気のおかげです。**人当たりもいいですし、大家さんからすごく人気があって、仕事も私生活も妻のおかげで充実しています。なので、その消罪は何を実践すればいいのか、工藤さんに教えていただこうかなと思います。

釣部：そういうことができない男性・女性っていうのはやっぱり何なのでしょうね。

工藤：**別れる原因の中に男の甲斐性がないというのは結構な割合であって、その人が別れて更に面倒を見るなんてありえないですよね。**吉田さんはまず勤勉ですし、誠実であるし、もっと簡単に言うと、甲斐性がある男じゃないですか。だからそれができて、そして、類は友を呼ぶじゃないけれども引き合うので、自分が襟正して誠実に生きていたら周りの人もそういう人が自然に増えてくるじゃないですか。だから奥さんも器量のある方なんですよ。男はみんな女房で持っているところがあるので、器量のある嫁さんをゲットできたというのは吉田さんの力ですね。

私の知り合いで、もう20年来の付き合いをしている助産師がいるんですよ。結構大きい助産師で助産師としては日本のトップクラスの人です。この人がお母さんたちに指導するときに、**旦那とうまくいってないのなら認知なんかさせるなという理屈を持っている人なんです。**一般論でいうと未婚の母は認知を欲しがると思うのですが、そんなものをもらったら、逆にお父さんに何とかしてもらいなさいという言い方になってしまうので行政の補助がなくなるのです。結構な割合で、私は女手一つで育てていくと、男も分かりませんという立ち位置を取りなさいと、結構ドライでリアルな、すごい指導をしながら助産師をやっているおばちゃんがいるんですよ。なるほどなぁと思います。

だからヘタに甲斐性ない男であればお父さんヅラしないほうが結局、子供もお母さんの方も幸せらしいですよ。だから男選びは気をつけた方がいいですね。

釣部：はい、もう一時間経ってしまいました。早いですね。吉田さん一時間話してみて、いかがだったでしょうか？

吉田：色々聞かれて、素直な気持ちが出て、多少カッコつけたところがあるのかなと思いながらも、すごく良い時間を過ごさせていただきました。私、名前が「正人」で、正しい人という漢字です。これは父がつけてくれた名前で、父が亡くなってからすごく意識していて、なので**誠実と言われることがとても嬉しい**んです。ですから、この名前に負けないようにしていきたいなと、今すごく思っています。
その父も兄も亡くなって、吉田家は男私一人なので、しっかり守っていきたいと思います。いろんなことを教えていただいて、今日はとても素敵な時間をありがとうございます。

釣部：工藤さん、いかがでしょうか？

工藤：お疲れさまでした。横で聞いていて勉強になりました。私も不動産に興味があるので、今一歩進めて勉強してみようかなと思いました。またこれからもよろしくお願い致します。

釣部：何かあったら不動産のことは吉田さんに、これをご縁に相談させて頂きます。

吉田：是非よろしくお願い致します。

父と兄

釣部：はい、今日はどうもありがとうございました。ギャラリーの皆さんもありがとうございました。

【著者プロフィール】

吉田 正人（よしだ まさと）

1965 年生まれ。

株式会社センセール代表取締役。

高校中退後アルバイトをしながら職を探し、父親の倒産で住んでいた家を売却・それを機に不動産業界に転職。平成 25 年現在の会社の代表取締役に就任。オーナーの利益を最大化する管理で管理戸数を増やしながら、年商 3 億まで成長させる。

現在は空家戸建再生と管理をメインに地域密着の農耕型ビジネスを展開している。

稼ぐ不動産を買うべき

不動産管理から賃貸戸建ての再生へ

学歴コンプレックスからの脱却した吉田正人が語る！

2021 年 11 月 30 日 第 1 刷発行

著　者　吉田 正人　工藤 直彦

発行者　釣部 人裕

発行所　万代宝書房

〒176-0002 東京都練馬区桜台 1-6-9-102

電話 080-3916-9383　FAX 03-6914-5474

ホームページ：http://bandaiho.com/

メール：info@bandaiho.com

印刷・製本　小野高速印刷

落丁本・乱丁本は小社でお取替え致します。

ISBN　978-4-910064-59-8　C0036

装丁・デザイン／studio_o 小野寺雅浩